PETITE

COLLECTION

LILLOISE

X

DEUX AMBASSADES ORIENTALES

à LILLE

dans la région du Nord

PAR

DELILL

LILLE

LELEU, Libraire, rue Neuve, 11

1900

DEUX AMBASSADES ORIENTALES

à LILLE

et dans la région du Nord.

PETITE

COLLECTION

LILLOISE

—

X

DEUX AMBASSADES ORIENTALES

à LILLE

et dans la région du Nord

PAR

DELILLE

*

LILLE

LELEU, Libraire, rue Neuve, 11

1900

AMBASSADEURS ORIENTAUX

A LILLE, AU XV SIÈCLE.

Ce n'est pas d'aujourd'hui que la question d'Orient se dresse devant la vieille Europe : sous des formes diverses, depuis les Croisades jusqu'à la bataille de Lépante, elle fit l'objet des préoccupations des princes chrétiens. Maintes fois, dans le cours des siècles, l'Occident fut sollicité d'intervenir dans ces pays lointains, et bien des gens de nos contrées y laissèrent leurs os, après avoir combattu, contre les Sarrasins et les Turcs, en vaillants paladins et en preux chevaliers.

Je veux, aujourd'hui, vous raconter comment, en 1461, sous le règne de haut et puissant prince le duc Philippe le Bon de Bourgogne, alors notre redouté seigneur, une ambassade orientale traversa notre ville et étonna notre population par ses accoutrements bizarres et ses costumes extraordinaires.

Comme chacun sait, à cette époque, les Turcs n'étaient pas la nation malade autour de laquelle se tiennent anxieux tous les États de l'Europe, guettant son dernier soupir, pour se partager aussitôt ses dépouilles. C'était un peuple guerrier qui, peu à peu, avait conquis les provinces du vieil empire d'Orient, s'était emparé de Constantinople, et s'étendait comme une tache d'huile, menaçant la Hongrie, l'Autriche, l'Italie, au point que certains redoutaient un envahissement prochain de l'Europe chrétienne tout entière par les sectateurs du Coran.

Le pape faisait, sans cesse, appel aux monarques de l'Occident pour combattre les infidèles et les repousser en Asie, mais les rois avaient trop de fil à retordre dans leurs royaumes pour songer à s'occuper des Turcs et des Grecs.

Philippe le Bon, dont l'esprit chevaleresque et aventureux rêvait de renouveler les exploits des croisés et les prouesses des anciens temps, avait, en vain, mêlé sa voix à celle du souverain-pontife, les rois de France et d'Espagne restaient sourds à ses sollicitations.

Un jour, pourtant, il put se croire arrivé à son but : ce fut lors du célèbre repas du Faisan, donné au Palais de la Salle, à Lille, et pendant lequel, *inter pocula*, les chevaliers et les seigneurs de la cour de Bourgogne firent tous le vœu d'aller combattre les Turcs et sauver la chrétienté menacée.

Mais, ces promesses solennelles ne furent pas tenues, et l'expédition projetée n'aboutit pas. Pourtant, le pape ne perdit pas courage ; il avait donné mission à un cordelier de Bologne, frère Louis, de parcourir toutes les contrées de l'Orient et de s'enquérir des ennemis qu'on y pouvait susciter contre les Turcs. Au bout de deux ans, le moine revint et ramena avec lui, en Europe, des ambassadeurs de quelques principicules de ces parages lointains, qui s'engageaient à joindre leurs efforts à ceux des princes chrétiens pour abattre la puissance ottomane. Le chroniqueur J. Duclercq parle, dans ses Mémoires, de l'arrivée de cette ambassade à la cour du roi de France, Charles VII, et à celle du duc de Bourgogne, à Bruxelles ; d'autre part, les archives du Nord renferment un document qui constate la venue, à Lille, des personnages qui la composaient.

Le chef était, naturellement, le frère Louis, que le pape avait créé récemment patriarche d'Antioche. « Il sembloit honeste prélat », dit Duclercq ; il portait l'habit des Cordeliers et, quoique docteur, il ne parlait guère le latin ; par contre, il s'exprimait assez facilement en grec et en italien.

Son principal compagnon était Miquiel, envoyé de David Commène, empereur de Trébizonde, « beau chevallier, grand et vénérable, sage et de belle contenance ».

L'ambassadeur du roi de Perse se nommait Nicolas, c'était un illustre chevalier, « bel homme, grand, anchien et de belle fachon ».

Puis, c'était Coslodain, que Duclercq nomme Chastonides, délégué du roi de Géorgie et de Mésopotamie, « homme merveilleux et de merveilleuse fachon, grand et gros ». Avec la double tonsure qui couronnait sa tête, les anneaux qui pendaient à ses oreilles, et son visage imberbe comme celui d'un « marmot », il dut avoir un certain succès auprès des Lillois de ce temps.

Le roi d'Arménie avait envoyé un chevalier nommé Mora ou Mammart, qui « estoit gentil chevallier et beau homme ». De plus, c'était le musicien de la troupe et il jouait, paraît-il, agréablement de plusieurs instruments.

Ensuite, un rival du Grand-Turc, Asem Boch, qu'on appelait le Petit-Turc, avait aussi délégué un ambassadeur du nom de Mahomet, qui garantissait que, si les chrétiens voulaient aider son maître, ce dernier s'engageait à fournir 50.000 hommes pour combattre le Grand-Turc.

Le dernier ambassadeur était un envoyé du prêtre Jean, fort lettré et excellent astrologue.

L'ambassade mit dix-sept mois pour arriver en France : elle fut reçue par Charles VII et, en demandant son aide et secours, elle l'assura que ce n'était pas de l'argent qu'elle réclamait, qu'il suffirait que le roi de France envoyât en Orient un capitaine avec son enseigne et que cela vaudrait 100.000 hommes, tant le prestige du nom français était demeuré puissant dans ces contrées lointaines.

On voit que les Orientaux s'entendaient déjà fort bien à cette époque en hyberboles et en flatteries.

Le roi de France ne pouvait faire moins que de les bien traiter et de leur offrir moult festins et banquets ; il n'y manqua point, puis les envoya devers son cousin et puissant vassal, le duc de Bourgogne.

Philippe le Bon ordonna de les conduire et de les guider à travers ses États et de leur faire visiter les principales villes de ses domaines.

C'est ainsi que le 15 juin 1461, ils arrivèrent à Lille.

Les échevins s'empressèrent, dès leur arrivée, d'offrir à leurs hôtes venus de si loin ce qu'on appelait des *vins de courtoisie*, qui furent, en cette circonstance,

« XXXVI los de vin de Beaune, au pris de VII s. le lot », ce qui fit, dit le comptable, avec VI sous de transport, une somme totale de XII livres XVIII sous.

On avait logé l'ambassade sur la place Saint-Martin, à l'hôtellerie du Heaume, et les échevins chargèrent les gens du quartier ou *plache* d'organiser des réjouissances pour distraire les étrangers.

Ce que furent ces réjouissances ? Sans doute des feux de joie allumés à la chute du jour et des illuminations au moyen de grosses chandelles de suif fichées dans des lanternes.

C'était l'accompagnement obligé de toute liesse populaire et officielle ; notre document signale en outre un divertissement moins banal et plus intellectuel.

Les gens du quartier Saint-Martin convièrent tous ceux des autres quartiers de la ville à une sorte de tournoi théâtral, et les diverses compagnies d'acteurs existant alors à Lille vinrent devant les ambassadeurs représenter à l'envi jeux de personnages, farces, moralités, soties, mystères, et se disputèrent des prix dont le Magistrat fit les frais.

Les sept compagnies qui ne furent pas jugées dignes des prix eurent, au moins, comme consolation, chacune une « quesne de vin de VI sous le lot », ce qui, y compris les fagots qui servirent à faire les feux de joie, occasionna une dépense totale de IX livres VIII sous.

De Lille, les ambassadeurs se dirigèrent vers Bruxelles, où présentement se trouvait le duc Philippe le Bon, de même, pour parler le langage du frère Louis, chef de l'ambassade, que « les Mages vinrent de l'Orient vers l'étoile qu'ils avoient vue en Occident ».

VOYAGE DES AMBASSADEURS

DE SIAM

EN FLANDRE EN 1686

C'est le 18 juin 1686 qu'arriva en rade de Brest l'ambassade envoyée à Louis XIV par le roi de Siam. Sa traversée avait été périlleuse, et son voyage mouvementé n'avait pas duré moins de six mois. Le roi de Siam qui voulait rendre hommage au roi de France et tenait à s'entendre avec lui pour nouer des relations commerciales et s'engager en même temps à favoriser l'établissement de la religion catholique dans son pays, avait désigné pour ses représentants des personnages éminents de son entourage. Le premier ambassadeur était frère de l'ancien premier ministre défunt de Siam ; le second était le fils de l'ambassadeur de ce royaume en Chine, et le troisième était le fils de l'ambassadeur siamois de Portugal. Huit mandarins et vingt domestiques les accompagnaient, et M. le chevalier de Chaumont servait de guide à la mission.

Louis XIV leur avait envoyé un gentilhomme de sa maison, M. Storf, qui, après leur avoir fait visiter différentes villes de la Bretagne et de la Touraine, les conduisit à Fontainebleau.

Le grand Roi, charmé de voir sa renommée s'étendre jusqu'aux confins de l'Orient, reçut les envoyés avec toute la pompe et la magnificence dont il aimait à s'entourer ; il daigna les admettre en son auguste présence et recevoir de ses mains royales et du haut de son trône les lettres du roi de Siam.

Ce dernier, qui pensait que les petits cadeaux non-seulement entretiennent l'amitié, mais peuvent contribuer à la faire naître, avait bondé les cales du navire de l'ambassade d'une immense quantité de présents destinés au Roi, aux princes et aux ministres. Dans cette cargaison, où les aiguières, les coupes, les cuillers, les flacons, les chocolatières, les tasses d'or et d'argent côtoyaient les cabinets incrustés d'écaille , vernis de laque et enrichis de métaux précieux, on trouvait des tapis persans, des paravents de soie brodés d'oiseaux merveilleux et fantastiques, des porcelaines de l'Inde et du Japon par milliers, des statuettes, des bronzes et jusqu'à des canons sculptés, ciselés et damasquinés. Bref la liste de toutes ces merveilles donnerait l'eau à la bouche du plus riche des amateurs de bibelots de nos jours.

Le roi de Siam s'était montré vraiment somptueux et il aimait tant à faire des présents qu'il « en devenoit fatigant », dit une relation du voyage des ambassadeurs. « Si on avoit de quoi riposter, ce seroit un plaisir : mais toujours recevoir et ne rien donner, cela est rude à souffrir. » Il avait même tenu à envoyer deux petits éléphants au duc de Bourgogne et au duc d'Anjou; malheureusement ces animaux ne supportèrent pas la traversée. Louis XIV distribua à sa cour cette profusion d'objets, il en organisa des loteries qui firent le bonheur des courtisans et la joie des dames de la cour et des filles d'honneur.

Le Roi recommanda que les ambassadeurs fussent traités avec beaucoup d'égards, il veilla à ce que rien ne leur manquât et leur fit visiter les merveilles de ses palais et les curiosités de ses châteaux.

Puis il songea à les éblouir un peu de l'éclat de sa puissance et les fit voyager à travers les villes de la Flandre, conquêtes récentes encore, dont il était très fier et pour lesquelles il avait une prédilection particulière.

Il les aurait bien fait conduire aussi à travers l'Alsace et à Strasbourg, mais on approchait de l'hiver et l'on craignit les mauvais effets du climat sur des tempéraments habitués aux chaleurs torrides des Indes.

Le manuscrit n° 390 de la Bibliothèque de Lille intitulé : *Bref description des choses plus remarquables advenues tant en la ville de Lille qu'ailleurs, depuis l'an 1500 jusques 1694,* mentionne le passage à Lille des ambassadeurs de Siam le 3 novembre 1686. Victor Derode, dans son *Histoire de Lille,* tome II, page 211, parle également de cette visite et ajoute quelques détails qui me firent supposer que l'on aurait trouvé des renseignements complémentaires dans les Registres aux résolutions du Magistrat de Lille, ou dans les Registres aux bans.

En effet, voici ce qu'on lit dans le

Registre aux résolutions pour l'année
1686, fol. 186 : « Le 27ᵉ jour de décembre
1686, la loy assamblée aïant une lettre de
l'autheur du Mercure galant portant que,
selon ses lettres circulaires précédemment
écrites, toutes les villes de l'obéissance
du Roy par lesqueles les ambassadeurs du
Roy de Siam avoient passé lui avoient
fait tennir des mémoires de tout ce qu'on
avoit fait pour les recevoir et pendant leur
séjour dans les villes, il n'y avoit que Lille
qui n'avoit point parlé là-dessus, et que
si nous trouvions bon de ne point estre
exclus dans led. Mercure, il estoit à propos
que nous lui envoiassions incessamment
un pareil mémoire. La chose mise en
délibération et tout considéré, nous avons
résolu d'envoier le susd. mémoire, de quoy
faire nous en avons chargé le procureur
de cette ville. »

Il existait donc une relation officielle
du voyage des ambassadeurs de Siam en
France ; d'ailleurs une note de la page 377

du tome 1ᵉʳ du journal de Dangeau, édition Firmin Didot 1854, indiquait également que trois volumes de supplément du Mercure contenaient le récit de cette pérégrination intéressante pour notre histoire régionale.

En voici l'indication bibliographique exacte :

— *Année 1686. Septembre, 2ᵉ partie :* Voyage des ambassadeurs de Siam en France, contenant la réception qui leur a esté faite dans les villes où ils ont passé, leur entrée à Paris.

— *Novembre, 2ᵉ partie :* Suite du voyage des ambassadeurs de Siam en France. Contenant ce qui s'est passé à l'audiance de Madame la Dauphine, des Princesse du sang.

— *Décembre, 2ᵉ partie :* Troisième partie du voyage des ambassadeurs de Siam en France.

— *1687. Janvier, 2ᵉ partie:* IVᵉ et dernière partie du voyage des ambassadeurs de Siam en France.

Je résumerai donc ci-après la relation du Mercure et j'y ajouterai pour Lille quelques détails tirés des archives communales de cette ville, et notamment d'une relation manuscrite qui s'y trouve (carton aa, 20, 4) et qui n'est pas la même que celle qui a été insérée dans le Mercure. Elle est intitulée : « Recœuil de ce qui s'est passé en la ville de Lille à la réception de mess^rs les Ambassadeurs du Roy de Siam, tant à l'occasion de leur entrée à Lille que de ce qui s'est passé pendant leur séjour en la même ville. »

C'est le lundi, 14 octobre 1686, que les ambassadeurs se mirent en route, ils s'arrêtèrent d'abord à *Saint-Denis* pour dîner et visiter la basilique. Ils couchèrent ce jour-là à *Beaumont*. Le lendemain ils dînèrent à Tilliar et vinrent coucher à *Beauvais*. Dans cette dernière ville, les milices bourgeoises en armes vinrent à leur rencontre : on échangea des compliments et des présents. Le public fut admis au souper des voyageurs et il se pressa en grand nombre autour de la table. Le lendemain, après une visite à la cathédrale, les Siamois prirent plaisir à voir évoluer les grenadiers du Roi ; leurs manœuvres à cheval, le tir au fusil et le jet des grenades parurent beaucoup les intéresser. Ce jour-là ils allèrent coucher à *Breteuil*, où ils se divertirent à lancer eux-mêmes des grenades qu'ils avaient apportées de Beauvais.

Le 17, ils dînent dans le château de M. Descerteaux, puis ils s'amusent à tirer au blanc, au fusil et au pistolet. Le soir, ils arrivaient à *Amiens* ; les compagnies bourgeoises étaient sous les armes, et on les reçut au bruit de vingt volées de canon.

Le lendemain, escortés par les compagnies bourgeoises, les ambassadeurs se rendent à la cathédrale ; après une visite à l'évêque, ils retournent à l'église et ne tarissent pas en éloges sur sa beauté. Ils montent ensuite en carrosse et sortent de la ville au bruit du canon.

Ils se proposaient ce jour-là de pousser jusqu'à Arras, mais la pluie était survenue qui mit les chemins en si piteux état qu'ils furent forcés de dîner et de coucher à *Doullens*. C'était la première place forte où ils résidaient : et comme d'après les ordres du Roi, ils devaient être considérés à l'égal de lui-même, on vint le soir leur demander le mot d'ordre qui fut : *Prospérité de voyage*.

Le lendemain, après une visite aux remparts et à la citadelle, ils se mirent en route pour *Arras*.

A trois heures, ils étaient à environ une demi-lieue de cette ville ; un détachement de cavalerie les y attendait, ainsi que douze compagnies du régiment de Konigsmark, de 40 maîtres chacune, sous le commandement de M. Mullot, premier major du régiment. Toute cette troupe salue de l'épée et la cavalerie prend la tête du cortège. A la barrière de la contrescarpe, ils trouvent M de Villeneuve, commandant la place en l'absence du gouverneur, M. de Nancré. Leur entrée en ville se fait au bruit du canon et à travers une double haie de fantassins des régiments de Pfiffer et de Stoup le jeune. Les fenêtres des maisons débordent de spectateurs et les ambassadeurs saluent fort gracieusement les dames qui s'y pressent pour les voir passer. Et pendant ce temps-là, le canon tonne, le carillon chante et la cloche *Joyeuse* sonne à toute volée. Enfin les Siamois arrivent à leur logis, ce sont alors les visites qui commencent : le P. recteur des Jésuites vient les complimenter et les remercie du bon accueil que le roi de Siam fait aux religieux de leur ordre. Messieurs du Magistrat arrivent ensuite, leur porte-parole est le conseiller Palisot d'Incourt qui, dans sa harangue, compare les ambassadeurs à la reine de Saba allant rendre visite à Salomon. Le mot d'ordre donné pour ce jour-là fut : *Qui m'attaque se perd*. Comme nous le verrons par la suite, les mots d'ordre choisis convenaient presque toujours parfaitement aux villes où l'on se trouvait et faisaient souvent allusion à un fait de leur histoire ou bien à une qualité de leur gouverneur.

Le lendemain, la matinée fut employée à recevoir des visites ; tant de peuple se pressait pour assister à leur dîner qu'il ne fut possible que d'admettre les dames à l'honneur de les voir manger. A deux heures, ils montèrent dans quatre carrosses et partirent, en compagnie de M. le comte de Villeneuve, pour visiter la citadelle. Ils furent reçus dans cette forteresse par M. de la Pleignière, au bruit du canon. Ils assistèrent aux exercices d'un bataillon de Picardie, et firent honneur ensuite à une magnifique collation. Ils prirent plaisir à régaler les dames de confitures et portèrent la santé du roi.

Au sortir de la citadelle, ils se rendent à la cathédrale, où ils sont reçus par tout le chapitre, M. Le Fèvre, prévôt, les harangue. On leur fait voir le tombeau du comte de Vermandois et entendre le son des orgues. De là ils vont visiter l'arsenal et l'abbaye de Saint-Vaast.

Il leur faut ensuite assister au concert dont Madame de Préfontaine, femme du Président du Conseil d'Artois, faisait les honneurs. Après une journée si bien remplie. ils retournent à leur logis, donnent pour mot d'ordre : *Actions éclatantes*, et soupent en public.

Le lendemain, 21, à huit heures précises, ils partent au bruit du canon et du carillon.

Ils dînent à *Aisse (sic)* et vont coucher à *Béthune*. Ils y sont reçus par le régiment de cavalerie de Chartres et c'est le gouverneur qui les accueille à la porte. Le régiment d'infanterie de Bassigny formait la haie jusqu'au château où logeait l'ambassade. Les Siamois admirèrent fort ce beau régiment qu'on fit manœuvrer devant eux au son du tambour. Les uniformes étaient tout battants neufs, ainsi que les chapeaux galonnés d'or; les bandoulières, les ceinturons et les cordons de poires à poudre reluisaient et tous les uniformes étaient garnis de force nœuds de rubans blanc et feu. Après la visite des remparts, le chef de l'ambassade donna pour mot d'ordre : *Valeur et vigilance*. M. de Chantereine, lieutenant-colonel, invité à souper par les étrangers, ne voulut pas être en reste de courtoisie et fit quérir des violons, qui jouèrent pendant tout le repas. Une quantité de dames y assistèrent et les ambassadeurs leur offrirent des fruits et des confitures en leur faisant des compliments sur leur grâce et leur beauté.

Le 22, l'on vint coucher à *Aire* : on entra dans cette ville, escorté par un escadron de Cravates, au son du canon. Le lendemain, la journée se passa à visiter le fort Saint-François.

Le 24, les ambassadeurs quittent Aire et se dirigent vers *Saint-Omer;* le lieutenant-colonel des Cravates du roi, M. de Garieu, part à leur rencontre avec deux escadrons; M. Raousset, commandant de place, les attend à la porte de la ville. On les conduit à l'hôtel-de-ville, qui a été préparé pour leur servir de logement. Ils donnent comme mot d'ordre : *A l'action on connaît le sang*, voulant faire allusion à la bataille de Cassel et à la prise de Saint-Omer par Monsieur, frère du roi. Pendant le souper, auquel assistent les dames, des violons envoyés par la ville font de la musique, et, au sortir de table, un bal s'organise.

Le lendemain, l'évêque d'Ypres et celui de Saint-Omer font visite aux étrangers, puis on leur propose de visiter la cathédrale.

« Est-elle belle, demande le premier ambassadeur? — C'est une église ancienne, lui répond-on, mais qui n'a rien d'extraordinaire. — Si M. l'évêque y est, repartit l'ambassadeur, l'église me paraîtra belle. »

Après la cathédrale, on visita l'abbaye de Saint-Bertin, puis les fortifications. Le dîner eut lieu chez le commandant de place; il fut servi magnifiquement. L'après-midi l'on se rendit chez les Jésuites, qui offrirent une collation et un concert. Le mot d'ordre du soir traduit l'impression de cette journée si bien remplie: *Magnifique en tout.*

Le 26 octobre, les voyageurs se mettent en route pour *Calais*, où ils arrivent vers le soir; ils donnent comme mot d'ordre: *Où la valeur résiste, la ruse succombe.*

Le lendemain, la pluie contrarie leur visite aux fortifications ; ils donnent comme mot d'ordre : *Il est revenu pour triompher*, allusion à la maladie du roi, à Calais, depuis laquelle il a toujours été victorieux.

Le 28, on se dirige vers Dunkerque ; le dîner a lieu à *Gravelines*, puis le cortège passe entre le fort du Bois et le fort Mardyck. Le canon tonne, toute la garnison, formée en grande partie de compagnies suisses, est sous les armes. Le major Megron reçoit les ambassadeurs aux portes de la ville ; il les conduit à l'hôtel-de-ville, réservé pour leur logement, et qui, le soir, est splendidement illuminé. Le magistrat vient les y complimenter : à sa tête marchaient les quatre sergents du bailliage, vêtus de leurs casaques de cérémonie et ayant leur hallebarde sur l'épaule. Les Siamois sont ravis de retrouver à Dunkerque Mme la princesse de Bournonville et Mme la princesse de Solre, les princes de Bournonville et de Robecq, qu'ils avaient déjà rencontrés à Berny. Mme Patoulet, femme de l'Intendant de la marine, ainsi que M. Desmadril, intendant de justice, et M. Patoulet vinrent également les saluer.

Le lendemain, on les conduisit en chaloupe visiter les jetées et les forts, ils virent sortir, toutes voiles dehors, un gros vaisseau chargé de tout son canon.

Puis, ils se rendent à la citadelle, où l'on fait tirer vis-à-vis d'eux une grande couleuvrine, appelée la Couleuvrine de Nancy. On leur avait donné ce jour-là un concert de violons et ils avaient demandé les noms de plusieurs airs : la *Folie d'Espagne* se trouva de ce nombre et personne ne put leur expliquer la raison de ce titre. C'est ce souvenir qui dicta le mot d'ordre du jour, qui fut: la *Folie d'Espagne*.

La journée du 30 octobre fut remplie par la visite des fortifications, de l'arsenal, des écluses de chasse, du nouveau bassin pour les vaisseaux du roi et des chantiers de construction. Ils donnent comme mot d'ordre: *Nous triomphons par la victoire*.

Le lendemain, à sept heures du matin, ils s'embarquèrent sur le canal de Bergues dans un bateau construit en forme de frégate, fort bien aménagé et vitré. En face des forts Louis et Saint-François, ils sont salués par le canon et la garnison couronne le rempart. Ils traversent la ville de *Bergues*, vont dîner à *Rousbrugghe* et coucher à *Ypres*. Dans cette dernière ville, ils logent à la châtellenie et donnent comme mot d'ordre : *Mauvais voisin*, voulant dire qu'Ypres est un voisinage redoutable pour Gand et Bruges.

Le 1ᵉʳ novembre, ils vont visiter le corps de place et les travaux des nouvelles fortifications, ils y remarquent une grande quantité de perdrix, et, dans les fossés, nombre de canards et de sarcelles. M. Desmadril leur offre un repas magnifique avec orchestre de nombreux instruments. A l'issue du dîner, on monte en bateau pour aller visiter les écluses qui sont à une lieue de Saint-Omer; pendant tout le trajet, des trompettes sonnèrent des fanfares variées. Pour démontrer le fonctionnement des écluses, on fit monter deux bateaux chargés de pierres. De retour à Ypres, on soupa chez le commandant de place, M. de la Neuville, on but à l'alliance franco-siamoise et l'on tira tant de salves de canon que maintes vitres furent brisées. Le mot d'ordre ce soir-là fut : *Si l'on m'attaque, je rongerai mon bras*, par allusion à leur hôte, qui était manchot.

Le 2 novembre, les ambassadeurs se trouvent à *Menin*, ils donnent comme mot d'ordre : *Je brille de ses rayons*, pour marquer que cette ville, qui n'était naguère qu'un village, doit sa nouvelle importance à Louis XIV.

Le lendemain, après avoir fait à cheval le tour de la place, ils se mettent en route pour *Lille*.

C'est le 21 octobre 1686 que le magistrat de Lille commença à s'occuper de la venue prochaine des ambassadeurs de Siam. Le roi avait fait mander par M. de la Rablière, gouverneur, qu'il entendait que les étrangers fussent reçus dans toutes les villes de son obéissance « avec beaucoup d'honneur et de respect ». Il fallait se garder surtout « de témoigner quelque estonnement sur ce que leurs visages et leurs vestements estoient différens des nostres ».

C'est qu'il ne fallait pas plaisanter avec le nouveau conquérant de la Flandre et il était indispensable de ne pas rire de ce qu'il prenait au sérieux.

Aussi nos magistrats s'empressèrent de faire publier par la ville une ordonnance enjoignant « aux maistres des places de faire connoistre aux habitans de chacun leur département qu'en voiant les dits Srs Embassadeurs, ils se gardent bien de sortir des termes de l'honnesteté, et surtout de faire quelque risée ou huée, à péril d'emprisonnement ».

D'autre part, on recommandait spécialement aux directeurs des écoles d'enfants et aux maîtres des écoles latines de faire la leçon en conséquence à leurs écoliers, et on les rendait responsables de tout manquement à cet ordre.

Comme on l'a vu, c'est le 3 novembre que les ambassadeurs Siamois se dirigèrent sur Lille ; ils y arrivèrent par la porte de la Madeleine. La cavalerie de la garnison était allée les attendre à un quart de lieue de la ville, tandis que l'état-major et les gardes de M. le maréchal de Humières avaient poursuivi leur route au-devant de l'ambassade à environ une lieue. La plus grande partie de la noblesse de la ville avait tenu à faire partie du cortège, auquel s'étaient joints de nombreux carrosses, où les dames de qualité avaient pris place. Ajoutez à cela les gens du peuple, les artisans, les manants, les bourgeois, et, peut-être aussi, les tire-laines et autres malandrins, qui ne manquent jamais l'occasion d'écumer les foules, et vous aurez une idée du pêle-mêle pittoresque qui remplissait la route de Menin.

Vers trois heures et demie, la cavalerie,

sabre au poing, commence à déboucher
sur les ponts-levis, l'artillerie des remparts
éclate, les tambours et les timbales réson-
nent, les trompettes retentissent, et les
Siamois, au milieu d'une nombreuse suite,
pénètrent dans nos murailles. Ils arrivent
sur la grand'place après avoir traversé
nos rues, bordées d'une double haie de
soldats. La foule était si grande que les
ambassadeurs se croyaient revenus au jour
de leur entrée à Paris.

Sur la place, la gendarmerie est rangée
en bataille, ce sont des fanfares, des roule-
ments de tambours. Enfin l'on permet aux
étrangers de gagner la place Saint-Martin,
où des logements leur avaient été retenus,
dans l'auberge du Sr Lombart, la première
hôtellerie de la ville, au Lion d'or.

Mais la corvée des pauvres gens n'avait
fait que commencer, il leur fallut subir
la kyrielle des visites officielles. C'est
d'abord M. de la Rablière, représentant
le maréchal de Humières empêché, puis

ce sont les officiers de la garnison, une députation du Magistrat en habits de cérémonie et accompagnée du premier conseiller-pensionnaire, messire Henry de Broides, seigneur de Gondecourt, qui débite aux Siamois une harangue reproduite scrupuleusement par le Mercure, mais dont la banalité égale la solennité. Ce sont encore, et successivement, les délégués de la Gouvernance et du Bailliage, les baillis de la châtellenie, la noblesse, les personnes de qualité qui ont tenu à contempler de tout près les étrangers. Ce n'est pas tout : il faut encore que le commandant de la place vienne leur mettre en main les clefs de la ville, dont ils sont censés les maîtres pendant leur séjour, et leur demande le mot d'ordre : *Quand le soleil menace, le tonnerre gronde.*

Enfin ils vont pouvoir se reposer un peu et goûter aux vins d'honneur que leur ont envoyés messieurs du Magistrat.

Ils soupèrent ce soir-là au Lion d'Or

avec le commandant et les officiers supérieurs de la garnison. Il y eut foule pour les voir manger et surtout quantité de dames. Parmi ces dernières, « il s'en trouva un grand nombre de fort belles », ajoute le rédacteur du *Mercure*. C'est d'ailleurs une remarque stéréotypée et qui revient comme un refrain à la louange du beau sexe de toutes les localités que traversent les ambassadeurs.

Dans la soirée, sur tout le parcours, de la place Saint-Martin à l'hôtel du commandant, les rues furent si brillamment illuminées par des torches et des lampions, dont l'éclat s'ajoutait à celui des lanternes ordinaires, qu'il faisait, dit-on, aussi clair qu'en plein jour. La matinée du lendemain fut employée à visiter la collégiale de Saint-Pierre, l'église des Dominicains qui se trouvait rue Basse et la citadelle, dont les officiers se plurent à faire admirer aux Siamois les magasins et les arsenaux : on poussa la courtoisie jusqu'à faire tirer en leur honneur une salve de tous les canons de la forteresse. On leur y fit visiter le jardin de M. de Vauban, puis on les introduisit dans une grotte où une multitude de jets d'eau à surprise étaient ménagés et l'on y fit mouiller beaucoup de monde pour les divertir. L'après-midi on les mena chasser sur la plaine du faubourg des Malades ; les officiers et les personnes qualifiées de la ville prirent part à cette chasse ainsi qu'un certain nombre de dames et de demoiselles à cheval et vêtues en amazones. D'autres étaient venus en carrosses, en chaises roulantes ou en chaises à porteurs, tous les véhicules de la ville avaient été mis en réquisition. Plus de 12.000 hommes du peuple, d'autres disent 20.000, envahirent la plaine au grand dommage des lièvres et des perdrix. Les pauvres bêtes étaient tellement ahuries par le vacarme de cette foule qu'elles se laissaient prendre à la main.

Après la chasse, on se rendit à l'Hôtel-de-Ville où l'échevinage offrait à ses hôtes la comédie et un concert de musique. A l'issue de ces réjouissances on passa dans une salle où une collation magnifique de vingt couverts était servie. « Les dames se mirent à table, dit la relation du *Mercure*, et la beauté de Mlle de la Rianderie aurait eu tous les applaudissements de l'assemblée, si sa douceur n'eût pas eu l'avantage de les partager. » La collation fut suivie d'un feu d'artifice et les ambassadeurs regagnèrent leur hôtellerie à travers les rues splendidement illuminées. Ils donnèrent ce soir-là, comme mot d'ordre : *Je défendrai mon ouvrage*, voulant dire que Vauban, qui avait construit la citadelle, saurait la défendre, si jamais elle était attaquée.

Le lendemain, la matinée se passa à visiter l'église et l'établissement des Jésuites où ils furent reçus par tous les Pères On leur fit voir notamment un moulin à eau qui, par diverses combinaisons mécaniques, entonnait le blé, le broyait et lui faisait subir toutes les manipulations pour lesquelles la main des hommes est nécessaire dans les moulins ordinaires. Il s'agit sans doute de la même machine qu'un voyageur en Flandre, Michel de Saint-Martin, signalait en 1661 comme une merveille, et qui, outre les opérations de broyage et de blutage, envoyait encore l'eau, dans les caves, pour brasser la bière et dans les greniers pour tremper l'orge et la faire germer.

Les ambassadeurs, émerveillés, demandèrent le plan de ce moulin et l'on s'empressa de leur donner satisfaction. On leur offrit ensuite une magnifique collation et ils dirent aux Jésuites « qu'il n'appartenait qu'à eux de se distinguer en tout, et qu'ils ne manqueraient pas de rendre compte au roi, leur maître, du bon accueil qu'ils avaient reçu de leur compagnie dans tous les endroits où ils les avaient trouvés établis. »

L'après-midi, on les conduisit à l'Hôtel de la Monnaie, création nouvelle de Louis XIV, où ils s'intéressèrent beaucoup à la frappe des pièces que l'on pratiqua devant eux. Voici d'ailleurs, comment *le Mercure* raconte cette visite : « Ils commencèrent par la fonderie où ils virent les moules et couler dedans l'argent fondu, d'où l'on tira en leur présence les lames pour les Louis d'argent de 40 sous, qui furent portés au moulin où ils les virent allonger et recuire et ensuite couper les flancs. Ils en coupèrent eux-mêmes plusieurs. De là ils allèrent dans l'ouvrerie, où les ouvriers ajusteurs limèrent ces flancs et les rendirent du même poids. Ensuite on les mena dans le blanchiment, où l'on fit rougir les flancs, puis on les mit bouillir à la manière ordinaire pour leur rendre leur couleur naturelle. Après cela ils allèrent voir la nouvelle machine qui met les lettres sur la tranche avec autant de promptitude que de facilité et de propreté. Ils eurent le plaisir d'en marquer eux-mêmes plusieurs et se rendirent dans le monnayage, où, après qu'ils eurent eu monnayé plusieurs pièces, le maître de la Monnaie remarqua qu'ils avaient envie de voir de plus près comme cela se faisait. Aussitôt il pria le premier ambassadeur d'entrer dans la fosse à côté du monnayeur, et de mettre lui-même la pièce sous la presse. Il le fit et regarda avec plaisir son ouvrage, voyant la pièce recevoir son empreinte des deux côtés en même temps. Il marqua par un signe de tête qu'il comprenait bien la chose. On fit voir aussi aux ambassadeurs comment on faisait les lavures, et de quelle manière on retrouvait l'argent qu'ils avaient remarqué être dans les sables des moules, et qu'ils avaient vu se répandre quand on avait jeté la fonte dans ces moules. Ils furent surpris d'apprendre que cet argent-là, qui est imperceptible, se retrouvait par le moyen du vif-argent, ou mercure. On voulut les conduire dans l'essayerie et dans la chambre de la délivrance, mais le temps manquait et l'on avait encore beaucoup de choses à leur faire voir ailleurs.

Cependant on s'aperçut qu'on ne les tirait de tous ces travaux qu'avec peine, parce qu'ils ne pouvaient se lasser d'admirer toutes ces diverses machines, principalement celle du moulin et du monnayage. Ils maniaient les coupoirs et les rouleaux ainsi que les autres ustensiles et en admiraient l'invention.

Enfin ils firent beaucoup de remerciements au maître de la Monnaie et lui dire que l'on ne pouvait être plus contents qu'ils étaient, et qu'ils auraient bien voulu avoir plus de temps pour visiter plus exactement tous les travaux. Ils demandèrent si l'on n'aurait pas plus tôt fait de jeter nos espèces en moules, comme ils faisaient les leurs, parce que cela faciliterait beaucoup le travail et épargnerait bien du monde et de la dépense. Le maître de la

Monnaie répondit que la monnaie jetée en moule n'est jamais si belle que la nôtre, et qu'à l'égard du grand embarras et de la grande dépense, on souhaitait plutôt l'augmenter que la diminuer, pour éviter les faux monnayeurs qui sont fort embarrassés, quand ils sont obligés d'avoir tant de machines.

Ils virent tout cela en moins d'une heure et demie, le tout ayant été tenu tout prêt. En entrant et en sortant de l'hôtel des Monnaies, ils regardèrent avec surprise le grand bâtiment que Sa Majesté a fait faire pour fabriquer la monnaie de Flandre. S'il eût été achevé, leur étonnement eût été plus grand, le dessin en étant très beau, mais il n'y en a que la moitié de bâtie. »

De la Monnaie à l'hôpital Comtesse, qui servait alors d'hôpital militaire, il n'y avait qu'un pas; les ambassadeurs y furent reçus par la supérieure des religieuses qui leur présenta un bouquet de

fleurs artificielles en soie, en leur expri-
mant l'espoir qu'ils voudraient bien se
souvenir d'elles. Avec beaucoup d'à-propos,
le chef de l'ambassade répondit qu'il ne
perdrait le souvenir de sa visite que lorsque
ces fleurs aux couleurs inaltérables seraient
flétries.

Enfin pour terminer la journée, les
ambassadeurs firent le tour de la place
et visitèrent les arsenaux et les magasins.

Puis ils se rendirent à l'hôtel du commandant, M. de la Rablière, où un superbe
souper, accompagné d'une symphonie de
nombreux instruments, leur fut servi Un
bal suivit le souper, et Mlle Despierre s'y
fit admirer par la grâce et la légèreté de
sa danse.

Les ambassadeurs enchantés se reti-
rèrent vers minuit, ne tarissant pas en
remerciements et en éloges, assurant
« qu'on pouvait appeler Lille la reine
de Flandre, comme Paris la reine de
France. »

Le lendemain, 6 novembre, au matin, ils faisaient leurs adieux aux Lillois et, escortés par les officiers, la noblesse et une foule immense de bourgeois, ils partirent pour Tournai par la porte de Fives. Il paraît, et cela résulte d'une délibération de l'Echevinage du 18 novembre 1686, qu'ils avaient omis de payer une partie de leurs frais d'hôtel, car l'aubergiste du Lion d'Or, le sieur Lombart, réclama après leur départ, une somme de 46 florins qui lui fut d'ailleurs payée par le Magistrat, suivant état certifié et ordonnancé le 21 avril 1687.

A *Tournai*, l'ambassade est reçue par 20 maîtres du régiment de cuirassiers et par l'échevinage qui lui envoie en présent six douzaines de bouteilles de vin.

Ils donnent comme mot d'ordre : *Aussi fidèle que brave*. Après avoir reçu la visite de l'évêque et de M. Mesgrigny, gouverneur de la citadelle, ils assistent à un feu d'artifice de 24 pieds carrés sur 12 ou 15 de hauteur. Au milieu avaient été placés deux éléphants et un soleil tout enduits de goudron, de telle façon qu'ils demeurèrent enflammés pendant toute la durée du feu. Tout autant que le feu d'artifice, les ambassadeurs admirèrent les pompes à incendie qu'on avait disposées aux quatre coins, par précaution, et qu'on fit fonctionner en arrosant la foule ce qui égaya beaucoup les personnages officiels.

Le lendemain, 7 novembre, visite à la citadelle. On fait sauter devant les Siamois trois fourneaux de mine, chargés de 1.000, 1.200 et 3.500 livres de poudre.

Ils visitent ensuite l'arsenal, puis assistent à l'exercice de la compagnie des jeunes gentilshommes. Après le dîner, ils montent à cheval pour visiter la place; ils rentrent en ville et se rendent à la Comédie, après avoir donné pour mot d'ordre : *Je m'appuyerai du bâton en combattant de l'épée.* On leur joua une pièce comique, mais pour leur faire voir de beaux costumes, les comédiens s'habillèrent à la Romaine.

Après le spectacle, ils se rendirent en carrosses sur l'esplanade, où l'on avait mis en batterie quatre mortiers, et on leur fit voir l'effet de deux bombes, d'un boulet rouge et d'une carcasse.

M. de Maulevrier les conduisit alors chez lui, où, en attendant le souper, on leur donna un concert au milieu des illuminations. La table de 24 couverts fut servie somptueusement de viandes délicates et de mets exquis ; la musique ne fut pas oubliée et un concert de voix, accompagnées de hautbois et de violons, réjouit les convives. Au dessert on but à la santé du roi de France et du roi de Siam, au milieu des détonations des boîtes et au bruit des trompettes et des timbales. Dans le jardin, autour du bassin, éclataient les fusées et les artifices. On offrit aux ambassadeurs de fumer, mais ils refusèrent, préférant rentrer dans la salle où les dames étaient arrivées et où l'on dansa pendant deux heures au son des violons.

Le lendemain, après une visite à la cathédrale où on leur chanta un motet et où on leur fit admirer, derrière l'autel, deux tableaux de Rubens, ils partirent en carrosses pour *Condé*.

Ils y furent reçus par la cavalerie de la garnison et par le gouverneur, M. Petau. Ils logèrent dans la maison du comte de Solie *(sic)* et donnèrent comme mot d'ordre : *Je soutiendrai son nom*, voulant parler de Condé.

Le lendemain matin, ils visitèrent à cheval les fortifications, puis assistèrent à un grand diner chez le gouverneur.

Le soir même, 9 novembre, ils arrivèrent à *Valenciennes*.

M. de Magulotti, gouverneur, les attendait aux portes de la ville. Il avait fait meubler pour eux un appartement magnifique, décoré de nombreux tableaux et de fort beaux portraits. M. Château, conseiller de la ville, les harangua ; et le Magistrat leur offrit en présent trois pièces de toile des plus fines de la fabrication de Valenciennes : chacune de ces pièces était enveloppée dans un brocard bleu et argent noué de rubans assortis. Le mot d'ordre de ce jour-là fut : *Miracle de nos jours*, pour rappeler la manière merveilleuse dont la ville avait été prise.

Le lendemain, on visite la citadelle, on assiste à l'exercice des cadets, puis l'on dîne chez M. de Magulotti, qui leur offre des vins de liqueur d'Italie. Ils y admirent fort des tableaux de tapisserie au petit point fabriqués à Valenciennes, représentant des fleurs : on les prie de les accepter, mais ils n'y veulent pas consentir : ils les trou-vèrent d'ailleurs dans leurs carrosses au moment de leur départ.

Pendant la visite aux fortifications, après le dîner, le gouverneur leur explique toutes les péripéties du siège. Le mot d'ordre de ce jour fut : *L'âge rend l'homme parfait,* par allusion à M. de Magulotti qui avait les cheveux blancs.

Le lendemain, au sortir de Valenciennes, les ambassadeurs s'arrêtent à l'abbaye de *Denain*, où ils sont reçus par les chanoinesses en grand costume : habit blanc, jupe blanche avec bordure de petit gris, surplis de toile fine, robe bordée de velours noir, grand manteau doublé d'hermine et voile de gaze blanche. Ils acceptent une tasse de thé.

Ils se dirigent ensuite vers *Douai* ; à deux lieues de cette ville, ils rencontrent la cavalerie qui les escorte et au milieu de laquelle ils font leur entrée par la porte Notre-Dame, réservée aux rois et aux souverains.

Les gardes à cheval du gouverneur, M. de Pommereul, leur fraient la route à travers la foule immense du peuple : les fenêtres débordent de curieux. Dès leur arrivée à leur logement, ils reçoivent la visite des autorités : M. Becquet, premier

conseiller pensionnaire de la ville, les
harangue ; le représentant de l'Université
leur fait un discours en latin. Le mot
d'ordre donné fut : *Tant qu'il triomphera
je me réjouirai*. Pendant tout le souper,
un orchestre de musiciens ne cessa de jouer.

Le lendemain matin, à 7 heures, trois
carrosses viennent prendre les Siamois
pour les conduire à la fonderie de canons,
où M. Keller avait préparé une fonte de
4 pièces de 24 et de 2 de 16 livres. On
leur explique toute la fabrication.

De là ils allèrent voir l'arsenal où on leur
montra amoncelés 300 canons, mortiers et
pierriers et une énorme quantité de bombes.
A la batterie de l'école de cadets, on fit
tirer à la cible vis-à-vis d'eux.

L'après-midi, on les mène au fort de
Scarpe ; le gouverneur, M. du Repaire, les
fait entrer chez lui pour se chauffer ; ils y
trouvent Mme et Melle du Repaire, Mme la
baronne de Cuincy et d'autres personnes
de qualité. On leur sert une collation

magnifique où le froid sert de prétexte à prodiguer les vins de liqueur. L'ambassadeur trouve Mlle du Repaire fort belle et lui déclare que, si elle voulait l'accompagner au Siam, elle y verrait son fils qui plus tard aurait une position brillante et qu'il serait heureux qu'il l'épousât. Elle ne devait pas redouter d'ailleurs la pluralité des femmes, car, ajoutait-il galamment, elle était assez belle pour empêcher que son fils en voulût avoir d'autres.

Chez les Jésuites, où ils se rendirent ensuite, ils furent reçus dans une vaste salle où étaient réunis de nombreux choristes et musiciens. On leur donna un spectacle allégorique dont voici le canevas :

Première entrée.

Le génie de la France tâche d'attirer le génie de Siam à faire une alliance avec Louis le Grand.

Seconde entrée.

La Renommée et la Gloire viennent étaler les grands exploits de ce héros, dont ils font connaître la piété et la valeur qui luy ont justement acquis le nom de Grand.

Troisième entrée.

Le Génie de Siam, charmé de ce récit, témoigne la passion qu'il a de se voir entre les alliés d'un monarque si puissant. dont l'amitié devoit estre si honorable et si utile à la Nation.

Quatrième entrée.

Les Génies des deux grands royaumes applaudissent à cette alliance et invitent les peuples à donner des marques de leur joye.

Après ce divertissement, on conduisit les ambassadeurs au réfectoire où une collation était préparée, mais les pauvres gens « n'avaient plus faim ; et il leur fut impossible de manger autant qu'ils l'auraient voulu pour répondre à l'empressement qu'on mettait à les régaler. »

L'impression qui leur était restée d'une

journée si bien remplie était celle de leur
visite à la fonderie de canons ; aussi don-
nèrent-ils ce jour-là, comme mot d'ordre :
*Aux amis je fournis du bruit, aux ennemis
la mort*. Malgré leurs trois grands repas
de la journée, les Siamois durent encore
se remettre à table pour souper, afin de ne
pas désappointer les dames de la ville qui
étaient venues pour les contempler.

Le 13 novembre, ils se dirigent vers
Cambrai, où ils sont reçus par la cavalerie
et l'infanterie de la garnison. M. Desgruseliers, premier conseiller-pensionnaire de
la ville, en robe et en bonnet de velours
noir, vient les haranguer. On leur fait
présent d'une médaille d'or du poids de
27 pistoles, représentant d'un côté le Roi
avec ces mots *Ludovico victore et pacis
datore* ; au revers, la ville de Cambrai avec
ce monogramme : DVLCIVs VIVIMVs
(1678). La même médaille de l'invention
de M. Desgruseliers avait été présentée
au Roi en 1678. Le distique suivant se

trouvait dans l'écrin qui la renfermait :

Vicisti, Princeps, Vrbi pacemque dedisti,
Qui Rex et pater es, dulcius esse dabis.

On offrit en outre aux ambassadeurs trois pièces de toile très fine de Cambrai.

Le soir, l'archevêque de Cambrai vint leur faire visite, puis ils soupèrent avec le comte de Monbron, gouverneur de la ville, et, en son honneur, donnèrent comme mot d'ordre : *Fidèle à son choix.*

Le lendemain, après une promenade aux fortifications et à la citadelle, ils assistent sur l'esplanade aux exercices des cadets, puis vont rendre visite à l'archevêque qui les mène à la cathédrale où il leur fait entendre les orgues. Le mot d'ordre pour cette journée fut : *Il achèvera son ouvrage.*

Le 15 ils quittent Cambrai pour *Péronne*, où ils arrivent dans l'après-midi. Toutes les boutiques étaient fermées, l'hôtel-de-ville pavoisé de drapeaux. On leur présente les clefs de la ville et le Magistrat leur dit combien on est heureux de les recevoir.

L'ambassadeur répond que l'alliance entre la France et le Siam durera autant que le soleil et la lune et qu'un jour les Français deviendront Siamois et les Siamois Français. Les troupes défilent devant les étrangers, les vins de présent sont portés dans des cannes par douze huissiers de la ville, ayant à leur tête les autorités civiles et militaires. A défaut de canons sans doute, les arquebuses à croc de l'hôtel-de-ville tirent des salves répétées.

Le mot d'ordre ce soir-là fut: *La Pucelle*. Pendant toute la soirée, la ville fut en fête, le carillon des cloches retentit, les maisons particulières furent illuminées et, dans chaque carrefour, on alluma d'immenses feux de joie.

Le lendemain, l'ambassade partit à 6 heures du matin pour Saint-Quentin ; elle poursuivit son voyage par La Fère, Soissons, Villers-Coterets, Nanteuil, Dammartin, et fut de retour à Paris le 22 novembre suivant.

FABER
FABRICANDO
FIT

PETITE COLLECTION LILLOISE

VOLUMES PARUS :